Novena

VIRGEN DE MONTSERRAT

Por Laila Pita

© Calli Casa Editorial, 2012

❖

www.solonovenas.com
#2500-589

CORAZÓN
RENOVADO

UN POCO DE HISTORIA

La Virgen de Montserrat es celebrada el 27 de abril, es otra de las múltiples representaciones de la Virgen María, conocida también como "La Moreneta", esto debido al color negro de las encarnaciones de la imagen. Encontrada en el interior de una cueva por unos niños pastores. Mide 95 centímetros de altura. Sostiene en la mano derecha una esfera que simboliza el universo. En su regazo descansa el Niño Jesús, con la mano derecha hace la señal de la cruz y en la izquierda sostiene una piña. Con excepción de los rostros y las manos la imagen es dorada. Se cree que el color es resultado de la transformación del barniz a causa del paso del tiempo. También se dice que el color negro de la imagen se debe a las velas o cirios que se encendían en su honor al interior de la cueva. Por el calor que emitían las velas sus caras fueron quemándose, tomando ese color. El papa León XIII declaró a la Virgen de Montserrat, como patrona de la diócesis de Cataluña el 11 de septiembre de 1881. Fue la primera en recibir la coronación Canónica. En España existen otras vírgenes negras conocidas como "Morenas".

3

MILAGRO

El 18 de septiembre de 2009, en Chile, una familia salió a dar un paseo por la playa. Uno de los jóvenes decidió ir de pesca a los roqueríos. Había tomado demasiado alcohol y no se percató que ese día había mucha marejada. En cosa de segundos fue arrasado por una ola, perdiendo todas sus pertenencias, menos su billetera en la que traía una imagen de la Virgen de Montserrat. Mientras estaba bajo el agua la recordó y se dijo "o lucho o me rindo. Ayúdame a luchar, Virgen". En eso sintió como una fuerza que lo impulsó a salir a la superficie sin daño alguno.

ORACIÓN DIARIA

Alabada Virgen de Montserrat dame tu luz en esta oscuridad, bendita seas en toda la ciudad. Ríos de amor tu corazón almacena, hermosa Flor morena. Señora permíteme tomar tu mano y no sentir soledad. Para seguir adelante te pido otra oportunidad, dame tu protección, mi alma serena. Te ruego ofreciéndote esta novena, libera mis penas para vivir en libertad. Enciende en mi pecho la felicidad. No dejes que se vacíe mi alacena, cuídame cuando esté en cuarentena, te prometo lealtad Virgen querida mi inclino ante tu Santidad.

HAGA SU PETICIÓN

Aquí estoy hincado a tus pies. Con la luz de tus quinqués que no tienen comparación alumbra a este humilde feligrés que viene a hacerte esta petición.

Te ruego con todo mi corazón me concedas... (Se hace la petición)

Esto es un asunto de interés te suplico tu atención me des. Concédeme lo que te pido en esta ocasión y con tu divina protección me ayudes, para que seas tú siempre mi salvación.

Padre Nuestro, que estás en el cielo, santificado sea tu nombre; venga a nosotros tu reino; hágase tu voluntad, en la tierra como en el cielo. Danos hoy nuestro pan de cada día; perdona nuestras ofensas, como también nosotros

perdonamos a los que nos ofenden; no nos dejes caer en la tentación, y líbranos del mal. Amén.

Dios te salve, María, llena eres de gracia, el Señor es contigo. Bendita tú eres entre todas las mujeres, y bendito es el fruto de tu vientre: Jesús. Santa María, Madre de Dios, ruega por nosotros, pecadores, ahora y en la hora de nuestra muerte. Amén.

Gloria al Padre, al Hijo y al Espíritu Santo. Como era en el principio, ahora y siempre, por los siglos de los siglos. Amén.

DÍA PRIMERO

Virgen Morena el camino que llega a ti es la verdad. Agraciada Señora sufro de una imposibilidad. Alíviame Madre con tu poder infinito. Aparta de mí este sufrimiento que me tiene en un grito. Señora este tu pequeño hijo te ruega con honestidad, cures con tu amor esta enfermedad. Tu poder es expedito, asombra al más erudito. Tu siempre estás presente en caso de necesidad, por eso te dedico esta novena con humildad. Mujer de andar exquisito, ligero como pajarito, de bello color negrito. Junto a ti siento seguridad.

Padre Nuestro, que estás en el cielo, santificado sea tu nombre; venga a nosotros tu reino; hágase tu voluntad, en la tierra como en el cielo. Danos hoy nuestro pan de cada día; perdona nuestras ofensas, como también nosotros

8

perdonamos a los que nos ofenden; no nos dejes caer en la tentación, y líbranos del mal. Amén.

Dios te salve, María, llena eres de gracia, el Señor es contigo. Bendita tú eres entre todas las mujeres, y bendito es el fruto de tu vientre: Jesús. Santa María, Madre de Dios, ruega por nosotros, pecadores, ahora y en la hora de nuestra muerte. Amén.

Gloria al Padre, al Hijo y al Espíritu Santo. Como era en el principio, ahora y siempre, por los siglos de los siglos. Amén.

DÍA SEGUNDO

El beneficio de tu bondad se ha extendido por la tierra entera, desde la antigüedad hasta la nueva era. Señora de mis amores te dedico esta novena, para rogarte mi alma no sienta pena. Se me escasea el dinero y es larga la espera, ábreme el camino para encontrar la manera, para que no me falte el sustento, te lo pido Virgen buena. Si me falta el recurso en pasar hambre mi familia será la primera. No quiero Madre Santa que por esto alguien muera.

Padre Nuestro, que estás en el cielo, santificado sea tu nombre; venga a nosotros tu reino; hágase tu voluntad, en la tierra como en el cielo. Danos hoy nuestro pan de cada día; perdona nuestras ofensas, como también nosotros perdonamos a los que nos ofenden; no nos dejes caer

10

en la tentación, y líbranos del mal. Amén.

Dios te salve, María, llena eres de gracia, el Señor es contigo. Bendita tú eres entre todas las mujeres, y bendito es el fruto de tu vientre: Jesús. Santa María, Madre de Dios, ruega por nosotros, pecadores, ahora y en la hora de nuestra muerte. Amén.

Gloria al Padre, al Hijo y al Espíritu Santo. Como era en el principio, ahora y siempre, por los siglos de los siglos. Amén.

DÍA TERCERO

Perdiste dulce María tu hijo amado, para después en el cielo serte entregado. Hoy sufro en carne propia la pérdida de un ser querido y por esta pena me siento perdido. Apiádate de mí por este dolor que has experimentado, dale alivio a mi corazón consternado. Necesito tus brazos de consuelo, porque mucho he sufrido. Estoy a punto de inundar el mar por tanto llanto contenido. Ayúdame a aceptar su partida y reconocer que se ha ido. Milagrosa Señora, a ofrendarte esta novena, con amor he venido.

Padre Nuestro, que estás en el cielo, santificado sea tu nombre; venga a nosotros tu reino; hágase tu voluntad, en la tierra como en el cielo. Danos hoy nuestro pan de cada día; perdona nuestras ofensas, como también nosotros

perdonamos a los que nos ofenden; no nos dejes caer en la tentación, y líbranos del mal. Amén.

Dios te salve, María, llena eres de gracia, el Señor es contigo. Bendita tú eres entre todas las mujeres, y bendito es el fruto de tu vientre: Jesús. Santa María, Madre de Dios, ruega por nosotros, pecadores, ahora y en la hora de nuestra muerte. Amén.

Gloria al Padre, al Hijo y al Espíritu Santo. Como era en el principio, ahora y siempre, por los siglos de los siglos. Amén.

DÍA CUARTO

Estrella enamorada de tus hijos, de luz clara y eterna. Tu templo se erigió sobre tu sagrada caverna, para cumplir con tu voluntad, desde ahí cuidas a la humanidad. Estoy mirando al cielo, buscando me des consuelo, en esta situación sin remedio, que me causa contrariedad. Ayúdame a alcanzar la serenidad, volver a reír como mozuelo y seguir caminando sobre este suelo. Estar cerca de ti bella Dama me da seguridad, por tu divina gracia y gran bondad. Me inclino para besar tu mejilla de tierno pomelo.

Padre Nuestro, que estás en el cielo, santificado sea tu nombre; venga a nosotros tu reino; hágase tu voluntad, en la tierra como en el cielo. Danos hoy nuestro pan de cada día; perdona nuestras ofensas, como también nosotros

14

perdonamos a los que nos ofenden; no nos dejes caer en la tentación, y líbranos del mal. Amén.

Dios te salve, María, llena eres de gracia, el Señor es contigo. Bendita tú eres entre todas las mujeres, y bendito es el fruto de tu vientre: Jesús. Santa María, Madre de Dios, ruega por nosotros, pecadores, ahora y en la hora de nuestra muerte. Amén.

Gloria al Padre, al Hijo y al Espíritu Santo. Como era en el principio, ahora y siempre, por los siglos de los siglos. Amén.

DÍA QUINTO

Tierna Virgen de Montserrat sabes que la familia es importante, la has cuidado como el más fino diamante. Con mi amor entero esta novena te vengo a dar, para suplicarte me vengas a ayudar. La pena embarga a mi casa en este instante, se ha perdido la paz a causa de un maleante. Agraciada Señora sin par, con tu divino poder ven a proteger mi hogar, danos tu cobijo vigilante, para que no llegue a nuestra puerta ningún extraño caminante. Adorada Virgen morena, lucero brillante.

Padre Nuestro, que estás en el cielo, santificado sea tu nombre; venga a nosotros tu reino; hágase tu voluntad, en la tierra como en el cielo. Danos hoy nuestro pan de cada día; perdona nuestras ofensas, como también nosotros perdonamos a los que nos

16

ofenden; no nos dejes caer en la tentación, y líbranos del mal. Amén.

Dios te salve, María, llena eres de gracia, el Señor es contigo. Bendita tú eres entre todas las mujeres, y bendito es el fruto de tu vientre: Jesús. Santa María, Madre de Dios, ruega por nosotros, pecadores, ahora y en la hora de nuestra muerte. Amén.

Gloria al Padre, al Hijo y al Espíritu Santo. Como era en el principio, ahora y siempre, por los siglos de los siglos. Amén.

DÍA SEXTO

Amiga querida das amor sin condición, tu caridad se reparte a todos sin excepción. Vivir en sociedad es importante para la gente y se extraña al que se encuentra ausente. La amistad entre humanos es una bendición, si se halla en soledad se pierde la ilusión. Virgen de Montserrat ayúdame con mis amigos hacer simiente, en la pérdida de alguno ser valiente. Enséñame a aceptarlos sin condición, al escoger sepa tomar una correcta decisión. Dame el apoyo que me sirva de puente, para llegar a ellos directamente.

Padre Nuestro, que estás en el cielo, santificado sea tu nombre; venga a nosotros tu reino; hágase tu voluntad, en la tierra como en el cielo. Danos hoy nuestro pan de cada día; perdona nuestras ofensas, como también nosotros

perdonamos a los que nos ofenden; no nos dejes caer en la tentación, y líbranos del mal. Amén.

Dios te salve, María, llena eres de gracia, el Señor es contigo. Bendita tú eres entre todas las mujeres, y bendito es el fruto de tu vientre: Jesús. Santa María, Madre de Dios, ruega por nosotros, pecadores, ahora y en la hora de nuestra muerte. Amén.

Gloria al Padre, al Hijo y al Espíritu Santo. Como era en el principio, ahora y siempre, por los siglos de los siglos. Amén.

DÍA SÉPTIMO

Madre mía acógeme en tus brazos y enjuga las lágrimas de mis fracasos. El rompimiento con mi pareja ha sido inevitable, estoy dolido y siento un temor terrible, no sé qué hacer me rompo en pedazos. Virgen pura esta pérdida lacera mi alma como latigazos. Alíviame con tu mano milagrosa y tu poder invencible. Dame fuerza para soportar esta ruptura incomprensible. No permitas que vaya a rogar y recibir rechazos, que hieren mi corazón como balazos. Señora de belleza irresistible, Reina de amor infalible.

Padre Nuestro, que estás en el cielo, santificado sea tu nombre; venga a nosotros tu reino; hágase tu voluntad, en la tierra como en el cielo. Danos hoy nuestro pan de cada día; perdona nuestras ofensas,

20

como también nosotros perdonamos a los que nos ofenden; no nos dejes caer en la tentación, y líbranos del mal. Amén.

Dios te salve, María, llena eres de gracia, el Señor es contigo. Bendita tú eres entre todas las mujeres, y bendito es el fruto de tu vientre: Jesús. Santa María, Madre de Dios, ruega por nosotros, pecadores, ahora y en la hora de nuestra muerte. Amén.

Gloria al Padre, al Hijo y al Espíritu Santo. Como era en el principio, ahora y siempre, por los siglos de los siglos. Amén.

DÍA OCTAVO

Virgen de Montserrat inclina tu rostro hacía mí y dame tu atención, es importante en este momento me des tu protección. Divina Señora de amor incondicional, me he llevado una impresión brutal, el amante de lo ajeno ha incursionado ante mi portal, violando el cerrojo de mi habitación y hurgando hasta el último rincón. Por eso te ruego Madre ahora que me siento mal, me des calma y fuerza espiritual, para no perder la razón y poder perdonar al ladrón. Virgen de pureza natural eres un ser especial.

Padre Nuestro, que estás en el cielo, santificado sea tu nombre; venga a nosotros tu reino; hágase tu voluntad, en la tierra como en el cielo. Danos hoy nuestro pan de cada día; perdona nuestras ofensas, como también nosotros

perdonamos a los que nos ofenden; no nos dejes caer en la tentación, y líbranos del mal. Amén.

Dios te salve, María, llena eres de gracia, el Señor es contigo. Bendita tú eres entre todas las mujeres, y bendito es el fruto de tu vientre: Jesús. Santa María, Madre de Dios, ruega por nosotros, pecadores, ahora y en la hora de nuestra muerte. Amén.

Gloria al Padre, al Hijo y al Espíritu Santo. Como era en el principio, ahora y siempre, por los siglos de los siglos. Amén.

DÍA NOVENO

Virgen milagrosa delicada como pétalo de rosa, destello de luz maravillosa, la más buena entre todas las mujeres. Haz uso de tus poderes para arrancar de mí pecho una pena silenciosa, se ha introducido en mi alma debilitándola en forma misteriosa. ¡Oh! Madre mía son tristes los amaneceres y no he vuelto a experimentar placeres. Devuelve a mi vida la alegría amada Diosa. Aparta de mí esta pena espantosa. Reina grandiosa de santos quehaceres, eres tierno Lucero que alumbra a los mortales en los anocheceres.

Padre Nuestro, que estás en el cielo, santificado sea tu nombre; venga a nosotros tu reino; hágase tu voluntad, en la tierra como en el cielo. Danos hoy nuestro pan de cada día; perdona nuestras ofensas,

24

como también nosotros perdonamos a los que nos ofenden; no nos dejes caer en la tentación, y líbranos del mal. Amén.

Dios te salve, María, llena eres de gracia, el Señor es contigo. Bendita tú eres entre todas las mujeres, y bendito es el fruto de tu vientre: Jesús. Santa María, Madre de Dios, ruega por nosotros, pecadores, ahora y en la hora de nuestra muerte. Amén.

Gloria al Padre, al Hijo y al Espíritu Santo. Como era en el principio, ahora y siempre, por los siglos de los siglos. Amén.

ORACIÓN FINAL

Adorada Virgen de Montserrat pequeño es el mundo bajo tus pies y enorme es en ti el interés. Con respeto me arrodillo a tus plantas, porque he recibido tus dádivas sacrosantas. Virgen morena de ojos cafés, te ruego que a este humilde ser, tu protección des. Ayúdame a ser fuerte y firme como el ciprés. A tu paso canten todas las gargantas, tú al más pequeño agigantas. Prometo venir a visitarte cada mes, con amor como tu más fiel feligrés. Abrígame con tus preciosas mantas, arrúllame con canciones de paz que con tu tierna voz cantas.

Padre Nuestro, que estás en el cielo, santificado sea tu nombre; venga a nosotros tu reino; hágase tu voluntad, en la tierra como en el cielo. Danos hoy nuestro pan de cada día;

26

perdona nuestras ofensas, como también nosotros perdonamos a los que nos ofenden; no nos dejes caer en la tentación, y líbranos del mal. Amén.

Dios te salve, María, llena eres de gracia, el Señor es contigo. Bendita tú eres entre todas las mujeres, y bendito es el fruto de tu vientre: Jesús. Santa María, Madre de Dios, ruega por nosotros, pecadores, ahora y en la hora de nuestra muerte. Amén.

Gloria al Padre, al Hijo y al Espíritu Santo. Como era en el principio, ahora y siempre, por los siglos de los siglos. Amén.

Papá Dios: que tu sabiduría nos guíe; que tu luz ilumine nuestro camino; que tu amor nos de paz; que tu poder nos proteja, y que por donde quiera que caminemos, tu presencia nos acompañe. Gracias Papá Dios que ya nos oíste. Amén.

www.ingramcontent.com/pod-product-compliance
Lightning Source LLC
Chambersburg PA
CBHW070636150426
42811CB00050B/330